AF227232

ASSEMBLÉE GÉNÉRALE

DE

L'UNION CATHOLIQUE

DE RENNES

LE 11 AVRIL 1876

Vivat qui Francos diligit, Christus!

RENNES

IMPRIMERIE DE CH. CATEL ET Cⁱᵉ

rue du Champ-Jacquet, 25.

1876

Imprimatur.

Rennes, 9 mai 1876.

Ch. LEVILLAIN,
Vic. gén.

ASSEMBLÉE GÉNÉRALE

DE

L'UNION CATHOLIQUE

DE RENNES

Le Comité avait gardé un trop bon souvenir du jour où, pour la première fois, l'année dernière, les membres de l'Union catholique de Rennes purent être réunis dans une assemblée générale, pour ne pas fixer cette année, à pareil jour, le mardi de la grande et sainte semaine, une nouvelle réunion de tous ceux qui, dans notre ville, joignent leurs efforts dans un même but, la défense et le développement des principes catholiques.

Le collége Saint-Vincent-de-Paul avait, cette fois encore, ouvert pour nous la grande salle de ses fêtes, et M. l'abbé Levillain, vicaire-général de l'archi-diocèse et supérieur du collége, avait bien voulu, en l'absence de S. Ém. le Cardinal-Archevêque, accepter la présidence de l'assemblée.

A ses côtés siégeaient M. le général Follope, chef d'état-major du 10e corps d'armée; M. Derôme, président à la Cour d'Appel; M. Gavouyère, doyen de la Faculté catholique de Droit à Angers; M. le commandant du Couédic; plusieurs ecclésiastiques; le R. P. Forbes, prédicateur de la station du Carême à Saint-Sauveur; M. le docteur Regnault, président, et les membres du Comité de l'Union.

Une nombreuse assistance, dans laquelle on remarquait des notabilités du clergé, de la magistrature et de l'armée, avait répondu à l'appel du Comité.

M. le docteur Regnault a ouvert la séance par un exposé des œuvres accomplies depuis un an par le Comité ou sous ses auspices. Voici le texte de cet exposé, chaleureusement accueilli par les applaudissements de l'auditoire :

Messieurs,

Il y a un an à pareil jour, le Comité catholique de Rennes célébrait une pareille fête, et profondément heureux de votre bienveillant concours, venait trouver dans la parole d'un éloquent apôtre et dans l'affectueuse bénédiction du premier pasteur du diocèse une vie et une ardeur nouvelles.

Aujourd'hui, réunis pour la deuxième fois en assemblée générale, nous aurons encore le bonheur d'entendre une voix vraiment apostolique nous exhorter et nous montrer la route; mais ce n'est plus que de loin que nous pouvons saluer notre éminent protecteur. Depuis l'an dernier, la Bretagne tout entière a reçu en sa personne un honneur nouveau dont elle se montrera reconnaissante au Père commun des fidèles. Aujourd'hui, le devoir appelle à Rome M⁇ le Cardinal-Archevêque, mais nous sentons qu'il reste uni de cœur à l'œuvre qu'il avait si chaleureusement embrassée.

Il nous tardait, messieurs, de venir vous rendre compte de ce que le Comité catholique a fait en 1875, ou plutôt de ce que vous avez fait par lui. C'eût été son très-vif désir que plusieurs réunions semblables à celle-ci eussent lieu dans le courant de l'année, afin de resserrer les liens de charité qui nous unissent, et de rattacher plus intimement les membres de l'Union aux différentes œuvres qu'ils ont fondées par leur concours. La chose nous a été impossible. J'aurai l'honneur de vous exposer bientôt ce que nous comptons faire à l'avenir pour suppléer à la répétition de ces réunions si utiles.

I

Celle de l'année dernière a porté quelques fruits, beaucoup moins pourtant qu'elle ne l'aurait fait si des mains plus habiles et des cœurs plus zélés en avaient tiré les conséquences, mais assez pour que nous ayons le droit de nous réjouir du bien qui a été fait par vous, en en rendant la gloire à Dieu, son véritable auteur.

Nous pouvons dire que depuis l'année dernière, le Comité catholique a quelque peu progressé. Sans abandonner aucune des œuvres dont il s'occupait alors, il en a vu se développer de nouvelles. Il a, de plus, reçu un précieux accroissement par suite de la fondation de l'Union catholique des Dames.

Mais l'évènement principal, vraiment important de l'année pour le Comité catholique, celui qui nous comble de joie, c'est l'approbation du Souverain-Pontife. Ce n'est pas d'aujourd'hui que le pape Pie IX aime, approuve et encourage les Comités catholiques. Ils se sont fait connaître à lui dès leurs débuts, et dès cette origine il les a favorablement accueillis. Sa bénédiction féconde, il l'a accordée tout d'abord à la Société des intérêts catholiques de Rome, modèle le plus parfait de la nôtre. Il l'a accordée encore à plusieurs reprises au Comité de Paris et à différents Comités catholiques de France. Mais quoique nous ayons légitimement le droit de prendre notre part dans cette bénédiction accordée aux nôtres, nous ne l'avions point encore reçue d'une manière spéciale.

A la fin de l'année dernière, nos pèlerins de Rome, reçus avec un si grand cœur par le Saint-Père, ont obtenu de lui des indulgences nombreuses pour tous les fidèles qui font partie de notre Société. Ces faveurs, qui nous pénètrent d'une vive reconnaissance, sont en même temps tout à fait propres à nous communiquer une nouvelle ardeur. Nous sommes dans la bonne voie, puisque le Saint-Père nous approuve. L'Église, pour nous y faire entrer, nous ouvre largement ses trésors.

Peu de jours après l'assemblée générale de l'année dernière, quelques dames de Rennes, émues d'une louable jalousie, formèrent le projet de constituer de leur côté une Union catholique. Dieu a béni ce dessein, et maintenant cette Société, qui comprend à Rennes un nombre déjà considérable de personnes, travaille avec nous et dans le même but.

II

Il est temps que j'arrive à vous exposer l'état des œuvres entreprises par le Comité et leurs progrès depuis l'année dernière.

Nous les avions divisées en trois classes : œuvres de prière, — œuvres d'enseignement, — œuvres de moralisation. Toutes, vous le savez, ont pour but commun de lutter contre l'impiété révolutionnaire; mais ce but, elles le poursuivent de différentes façons.

A. — Les *œuvres de prière* ont sur toutes les autres une prééminence évidente à cause de la dignité de leur objet. Elles s'adressent directement à Dieu, maître des évènements, pour implorer le pardon et faire descendre la miséricorde sur notre pauvre France, qui paraît éloigner de plus en plus son sauveur. Grâce au sentiment profondément chrétien de notre population rennaise, elles ont donné lieu à de belles manifestations de foi, à des élans remarquables, qui contribueront certainement à fléchir la colère divine.

a. — Il faut le reconnaître, le grand obstacle à la pratique publique de la religion est, chez nous, le respect humain. Le ridicule, en France, est plus redouté qu'un coup d'épée, et le diable a vraiment fait un coup de maître en transformant les devoirs rendus à Dieu, qui constituent notre suprême honneur, en une chose presque honteuse, et dont on ne serait pas loin de rougir. Grâces en soient rendues à l'Auteur de tout bien, cette absurde manie perd du terrain et tend à disparaître. Les processions jubilaires de l'an dernier ont été admirables, et la dernière ne comptait guère moins de 7 à 8,000 hommes, dont la tenue recueillie attestait les sentiments. A la seconde procession de la Fête-Dieu, les hommes de Rennes ont donné de nouveau ce beau spectacle de catholiques osant se montrer tels. Ils ont formé à Notre-Seigneur un imposant cortége, qui cette année, il faut l'espérer, sera plus nombreux encore.

b. — C'est en grande partie au mouvement des pèlerinages, fortement entrés dans nos mœurs malgré une parole bien connue, qu'il faut attribuer cet heureux résultat. Plusieurs ont été célébrés l'année dernière à Notre-Dame de la Peinière, à Paray-le-Monial, à Lourdes, à Rome. En outre, un grand nombre de Rennais se sont joints aux pèlerins de Vitré pour se rendre avec eux à Pontmain, au Mont-Saint-Michel et à la Salette.

Il ne serait pas utile de donner ici de longs détails sur chacun de ces pieux voyages dont les journaux ont, dans le temps, célébré le récit, et quelques mots suffiront.

Ce fut le 17 mai que les pèlerins de la *Peinière* partirent de Rennes. Ils étaient 500 au départ, mais à l'arrivée ils formaient une petite armée de 3,000 fidèles, accourus de tous les environs pour s'unir dans une même prière pour l'Église, le Pape et la France.

Cent pèlerins ont cette année représenté le diocèse de Rennes à *Paray-le-Monial*, le 16 juin. Tandis qu'ils s'y consacraient au Sacré-Cœur de Jésus, Monseigneur l'Archevêque, entouré d'une foule immense de fidèles, se consacrait avec eux à ce divin Cœur. Le soir, le diocèse entier célébrait cette fête par une illumination spontanée magnifique.

Le pèlerinage de *Lourdes* est entré dans nos pieuses habitudes. Cette année, 750 pèlerins se sont agenouillés le 8 septembre, près de la grotte miraculeuse. Nous ne redirons pas les profondes impressions qu'ils y ont éprouvées. Elles ne s'effaceront jamais de leurs cœurs, tandis que depuis longtemps ils ont oublié la fatigue de ce long voyage.

Pour la première fois, Rennes a fait un pèlerinage à *Rome*, au tombeau des Saints Apôtres. Du reste, l'occasion était heureuse. Son Éminence devait se rendre à Rome pour y recevoir l'anneau cardinalice des mains du Souverain-Pontife. Deux cent sept pèlerins répondirent à l'appel du Comité des Pèlerinages, et partirent pour lui faire cortége, sous la direction de M. le chanoine Esnaud, avec M. le comte de Palys pour guide. Malheureusement, la rigueur de l'hiver et la maladie ont empêché Son Éminence de faire le voyage, et les pèlerins furent tristement déçus dans leurs espérances. Mais le Saint-Père, touché de leur chagrin, redoubla de bonté pour eux. Tout le monde sait les faveurs dont il les a comblés, et les admirables paroles qui sont tombées de ses lèvres dans leurs cœurs. On parlera longtemps en Bretagne du premier pèlerinage de Rome.

B. — Les *œuvres d'enseignement* ont pour but de combattre l'ignorance et les fausses doctrines, de contrebalancer les funestes effets que produit la mauvaise presse, soit dans les villes, soit dans les campagnes, tant par les journaux quotidiens ou hebdomadaires que par ces innombrables brochures qui, publiées avec les titres les plus trompeurs et sous tous les formats, distillent les poisons les plus dangereux. Ce travail systématique de la corruption des masses se pratique sur une échelle effrayante : c'est par millions que se comptent les volumes et brochures répandus chaque jour pour infuser le venin des doctrines les plus impies et les plus anti-sociales.

a. — En face de cette inondation malsaine, les efforts que nous avons pu faire pour le bien sont peu de chose sans doute. Nous devons dire toutefois qu'ils n'ont pas été de nul effet, et que nous nous sommes efforcés de répandre la vérité aussi largement que les ressources modiques dont nous pouvons disposer l'ont permis. Notre vif désir, et le vôtre aussi, messieurs, est de continuer cette diffusion du bien, de l'augmenter tous les jours. Notre Saint-Père le Pape, sentinelle toujours vigilante, indiquait naguère à nos pèlerins ce travail comme l'œuvre capitale. Il recommandait, avec tout le poids de son autorité, de répandre autour de soi les bons livres, et surtout les *bons petits livres*, pour diminuer le ravage des mauvais.

b. — Le Comité catholique a continué cette année d'entretenir l'*école des apprentis*, fondée par lui l'année dernière, et dont les résultats sont des plus consolants.

c. — Il a eu le bonheur aussi de participer largement à cette souscription significative par laquelle la ville de Rennes a témoigné son affection et sa reconnaissance aux excellents Frères de la Doctrine Chrétienne en fondant leur *nouvelle Maison de Saint-Hellier.*

C. — Arrivons enfin aux *œuvres de moralisation.* Elles ne s'attaquent pas d'une manière aussi directe que les précédentes aux principes révolutionnaires, mais elles s'efforcent d'en atténuer les conséquences funestes en luttant contre la démoralisation profonde qu'ils répandent partout. C'est du reste le plus souvent par les vices du cœur que débutent les égarements de l'esprit : guérir les premiers est un excellent moyen d'empêcher les seconds.

a. — Pourquoi faut-il que celle de toutes ces œuvres qui devrait occuper le premier rang dans nos travaux, l'œuvre si capitale de la *sanctification du dimanche*, attende encore sa réalisation ? Il n'en faut pas accuser le zèle généreux des membres du Comité qui ont accepté la charge de l'établir ici. Encouragés hautement par la parole du Pape, excités par les conseils et le désir formel de Son Éminence notre Archevêque, ils étaient d'ailleurs convaincus par eux-mêmes de l'excellence d'une œuvre qui, plus qu'aucune autre peut-être, renferme dans sa réussite le germe du salut de la France. Et pourtant ils n'ont point encore réussi. Des obstacles considérables, que devinent à peine ceux qui n'ont point mis la main aux entreprises de ce genre, ont jusqu'à ce jour paralysé leur bonne volonté et annulé leurs efforts. Nous espérons mieux de l'avenir ; mais c'est ici surtout qu'un concours énergique et efficace de tous les chrétiens serait nécessaire, et trop souvent, chez beaucoup d'entre eux, la volonté ou la persévérance fait défaut.

b. — L'œuvre *de Saint-François-Régis* a perdu cette année son premier directeur, appelé par son zèle sur un autre théâtre plus important encore. Nous avons le bonheur de le posséder aujourd'hui. Il sait avec quel profond intérêt nous avons suivi ses efforts. — Peut-être voudra-t-il bien y répondre en nous donnant lui-même quelques renseignements sur la marche et les progrès de son Université naissante. Malgré cette perte vivement sentie, l'œuvre des mariages a fait cette année des progrès vraiment remarquables, dus surtout au dévouement de son président et à l'activité de ses membres. Le champ qu'elle s'efforce d'ensemencer est vaste : le labeur est ingrat et pénible; mais on y travaille pour sauver des âmes, et les chrétiens savent quel en est le prix.

Les progrès de l'esprit révolutionnaire n'augmentent que trop le nombre des unions coupables et celui des enfants illégitimes. aussi le chiffre des demandes adressées à la Société de Saint-François-Régis va-t-il toujours croissant. Elle a procuré, cette année, 53 mariages, et le nombre des enfants auxquels elle a valu l'honneur et les avantages d'un état-civil régulier est extrêmement considérable.

Et pourtant, rien de plus difficile que de mener à bonne fin une pareille entreprise. Il faut commencer par une double conversion, et amener au tribunal de la pénitence de pauvres gens qui, depuis longtemps, en sont éloignés. Dans un cas récent, cette conversion a été une abjuration, et le nouveau marié devait en même temps recevoir les sacrements de Baptême (conditionnellement), de Pénitence, de Confirmation, d'Eucharistie et de Mariage. — La conversion faite, il faut ensuite les conduire à l'église pour la cérémonie nuptiale. Qui le croirait? C'est là que viennent quelquefois échouer les précautions les mieux conçues. Ces malheureux sont pauvres; ils n'ont pas de vêtements convenables, ils n'osent pas se produire dans une église en face de nombreux fidèles, car ils sentent que cette bénédiction d'une union ancienne montre trop que le sacrement leur faisait défaut jusqu'alors. Il faut donc les vêtir, il faut prendre des moyens détournés pour éviter de les couvrir de honte.

Aussi est-ce avec la plus vive reconnaissance que cette section du Comité catholique a reçu de la bienveillante bonté de Son Éminence l'autorisation donnée à son directeur spirituel de bénir dans une chapelle privée les mariages faits par la Société. Depuis lors, ils se sont heureusement multipliés, et tout fait prévoir pour cette œuvre si importante un développement des plus consolants, si les ressources mises à sa disposition par la charité lui permettent de faire face aux dépenses de toutes sortes que ses démarches nécessitent.

c. — Des trois Cercles dont nous désirions la fondation l'année dernière, deux sont maintenant réalisés.

Ce n'est point au Comité catholique que revient l'honneur de la fondation du *Cercle des ouvriers;* mais il y a concouru dans la mesure de ses ressources, et de concert avec les dames. Les difficultés et les épreuves de tout genre par lesquelles les œuvres de Dieu sont ordinairement marquées à leur début n'ont point manqué à cette entreprise. Elles ont été si multipliées, si graves, qu'elles auraient lassé une patience ordinaire. Malgré tout, les chrétiens vaillants et dévoués qui voulaient travailler de cette manière au salut de la patrie ont tenu bon, et maintenant le Cercle est fondé; il vit, et n'attend plus pour entrer dans une voie tout à fait prospère que le concours des gens de bien, qui ne peuvent rester indifférents.

d. — Le *Cercle militaire* est fondé, lui aussi, et fonctionne déjà. Peu de temps après notre dernière réunion générale, un certain nombre de membres de l'Union se formèrent en Comité pour s'occuper de la réalisation de ce projet. Grâce à la générosité de quelques donateurs, au concours bienveillant de plusieurs dames de la ville, ils ont pu recueillir les sommes nécessaires à la location d'un terrain situé à proximité des casernes, construire les bâtiments convenables et les aménager.

C'est le 30 janvier dernier que le Cercle militaire a été ouvert pour la première fois. La célébration de la sainte Messe, en présence d'invités assez nombreux et de quelques soldats, fut le premier acte par lequel il marqua son existence. Dès ce jour-là, honoré de la visite de M. le ministre de la guerre, il reçut près de 300 soldats. Des jeux variés, une salle de lecture y sont installés, et 250 à 300 soldats chaque dimanche, 50 à 60 chacun des autres jours, y viennent déjà assez régulièrement, et trouvent là le moyen de passer honnêtement le temps libre qui leur est accordé, et d'échapper ainsi aux séductions de l'oisiveté, si dangereuses dans notre ville.

Il faut plus encore, et le but de cette fondation ne serait pas atteint si ces jeunes hommes, trop souvent égarés et hostiles à la religion, n'apprenaient pas là à se rapprocher du prêtre, à goûter de nouveau sa parole amie, à se rapprocher de Dieu.

é. — Nous avions aussi l'espérance de voir établir un autre *Cercle* qui, patronné et dirigé par des personnes âgées et respectables de la ville, aurait réuni les *étudiants catholiques.* Après plusieurs tentatives infructueuses, il a fallu y renoncer. L'actif promoteur de cette utile entreprise a rencontré de divers côtés des obstacles tels qu'il a dû céder, sous peine de voir la fondation que nous avions désirée tous ensemble, perdre complètement son caractère.

f. — A ces différentes œuvres qui sont en voie de progrès, il faut encore ajouter l'*œuvre pontificale des vieux papiers,* manière ingénieuse inventée par la piété filiale pour venir au secours du Saint-Père au moyen de ce qu'il y a de plus inutile dans chaque maison, les vieux chiffons de papiers, — et celles qui, fondées par l'Union catholique des Dames, se rattachent encore à nous d'une manière indirecte, telles sont : le *Patronage exercé sur la Congrégation de Saint-Anne,* l'*Ouvroir* établi rue du Griffon, et qui travaille déjà très-activement.

III

Cette année, toutes ces œuvres seront continuées : elles recevront, on peut l'espérer, de nouveaux accroissements, elles se consolideront du moins et produiront des fruits. Mais ce n'est pas assez et nous voudrions davantage.

Permettez-moi de vous dire en quelques mots quels seraient nos désirs et quelles sont nos espérances :

Les circonstances actuelles ne sont pas telles que nous puissions nous arrêter en chemin. La grande voix du Pontife de Rome nous traçait naguère la route à suivre : « La tempête « est loin d'être terminée, disait-il, et l'ordre du *tace, obmu-* « *tesce* à donner aux vents et à la mer, n'a pas encore été pro- « noncé par Dieu. Néanmoins, la barque mystique flotte tou- « jours dominatrice au-dessus des flots dont elle est battue, et « certainement la main de Dieu la reconduira peu à peu au « port de la tranquillité..... Agissez, agissez, comme je vois « que vous le faites, pour opposer au torrent de l'iniquité qui « s'étend et nous inonde, toute la résistance possible, afin de « soutenir les droits de l'Église. »

Il faut donc agir.

a. — Il faut *propager* plus que jamais les *Comités catholiques.* Utiles en tout temps, ils sont surtout indispensables aujourd'hui que l'on voit les ennemis de l'Église multiplier contre elle des attaques aussi violentes que passionnées. On ne peut mettre en doute l'ardeur des catholiques; mais il est indispensable qu'on masse les efforts et qu'on les discipline, si l'on veut sortir victorieux de la lutte. C'est pour cela que les Comités ont été formés; c'est pour cela qu'il serait urgent de les multiplier et de les accroître.

b. — Nous voudrions surtout hâter la formation des *Comités paroissiaux* pour s'occuper, dans l'étendue de la paroisse et sous la direction de MM. les curés, soit des œuvres locales, soit de celles qui ont un intérêt plus étendu. Il faut qu'avec le temps tous ceux qui ont reçu le baptême entrent dans nos rangs et reforment cette grande famille chrétienne qui s'appelle la paroisse, et qui a pour père le curé.

c. — En attendant, nous invitons avec les plus vives instances tous les membres de l'Union catholique à prendre une part active à l'une ou l'autre des œuvres dont elle s'occupe, et à entrer dans l'une ou l'autre des sections ou sous-comités qu'elle a formés. — Ils sont assez nombreux pour que chacun puisse trouver à exercer son zèle suivant ses désirs et ses aptitudes ; ce sont les sous-comités :

1° Des œuvres pieuses et de prière ;
2° Des pèlerinages ;
3° De l'œuvre du dimanche ;
4° De la presse et des bonnes lectures ;
5° Des œuvres ouvrières ;
6° Du cercle militaire ;
7° De l'œuvre de Saint-François-Régis ;
8° De la propagation ;
9° Des finances.

d. — Ce que nous souhaitons très-vivement encore, et ce désir, nous le savons, est partagé par plusieurs d'entre vous, c'est de voir s'établir entre les membres de l'Union catholique des communications plus fréquentes, des relations plus suivies. Rien de plus propre à favoriser ces rapports fructueux que l'institution que l'on a appelée à Paris le *Salon des Œuvres.* — C'est un lieu où l'on peut se réunir à intervalles déterminés, tous les quinze jours, tous les mois, par exemple, et dans lequel se rendent les personnes qui, soit dans la ville, soit dans le département, s'occupent d'œuvres de charité ou de zèle. Elles s'y rencontrent, peuvent y conférer ensemble, mettent en commun les résultats de leur expérience, éclaircissent les points douteux, examinent les moyens de tourner ou de vaincre les obstacles. De plus, par le fait même des relations plus fréquentes, elles créent ou augmentent l'union des œuvres et des personnes, toujours si désirable.

Pour cela, il faut un lieu de réunion. L'extrême bienveillance d'une personne dévouée qui veut bien mettre à la disposition du Comité catholique ses propres salons, va nous permettre de réaliser cette innovation si utile.

e. — Nous savons toutefois par expérience que les réunions même mensuelles ne sont pas toujours faciles. Le temps fait défaut, et l'heure fixée passe sans qu'on ait pu s'y rendre. Il est pourtant bien juste que tous les membres de l'Union catholique qui, à un titre quelconque, lui apportent le concours de leurs souscriptions ou de leurs sympathies, soient tenus au courant de sa vie, de ses œuvres. C'est pour les renseigner que le Comité se propose, à l'avenir, d'envoyer à chacun d'eux, de temps en temps, à intervalles irréguliers, un *petit bulletin* des œuvres faites sous leur patronage.

Il serait grandement désirable que tous les arrondissements possédassent un Comité catholique, et qu'en même temps tous ces Comités locaux fussent reliés plus fortement au Comité central de Rennes. L'expérience a démontré récemment que les Conférences de Saint-Vincent-de-Paul recevaient de leur union intime avec le Comité diocésain une impulsion, une force, une uniformité d'action et de direction dont elles retirent les plus heureux fruits.

Pourquoi les Comités catholiques du diocèse ne se procureraient-ils pas les mêmes avantages? Pourquoi n'établirait-on pas à Rennes des réunions périodiques, à l'instar de ce qui se fait dans la Société de Saint-Vincent-de-Paul? Puis chaque année, à notre grande réunion solennelle, le Rapport général sur nos travaux contiendrait un résumé des œuvres opérées par les Comités des arrondissements.

Au reste, nous devons dire que ce désir d'union plus étroite a germé simultanément dans l'esprit de plusieurs personnes, et que c'est à la prière d'un des Comités locaux voisins que nous exprimons ce vœu. Le Comité de Vitré est né sous l'impulsion de celui de Rennes. Dans l'été de 1874, un des membres de l'Union catholique de Rennes, qui passe la belle saison à Vitré, cédant aux sollicitations de ses confrères de Rennes, s'associa à quelques chrétiens zélés de Vitré. Ce nouveau Comité se mit immédiatement à l'œuvre, et en juin 1874 organisa un pèlerinage de l'arrondissement de Vitré à Notre-Dame-d'Espérance de Pontmain. Malgré la difficulté qu'offre le trajet de 18 kilomètres en voitures, 1,000 pèlerins se rendirent à

Pontmain, environ 330 par jour, pendant trois jours consécutifs. Ce fut une belle et très-pieuse manifestation.

Vint ensuite un grand pèlerinage au Mont-Saint-Michel.

En 1875, le Comité catholique de Vitré organisa encore un pèlerinage à Pontmain. Puis, aidé par un catholique zélé de Fougères et un membre non moins zélé du Comité de Rennes, il put réussir à organiser un pèlerinage de 100 personnes à la Salette. Cette pieuse manifestation réussit si bien, que cette année on va la recommencer. Saint-Martin de Tours, Fourvières, la Grande-Chartreuse, la Salette et Issoudun verront de nouveau les pèlerins rennais. Le départ aura lieu prochainement, le 10 mai.

Bien entendu, le Comité de Vitré a pris la plus large part possible à tous les grands pèlerinages organisés depuis deux ans par le Comité de Rennes, à Lourdes, à Paray-le-Monial, à Sainte-Anne d'Auray, à Rome. Il a aussi pu envoyer son obole aux principales grandes œuvres catholiques qui ont fait appel à notre charité, aux Universités catholiques, à l'église du vœu national du Sacré-Cœur, aux victimes de la grande inondation du Midi, enfin au Cercle militaire de Vitré, auquel il a pu donner toute une petite bibliothèque et une subvention assez ronde.

Enfin, le Comité de Vitré a pu, grâce au concours pécuniaire et personnel d'un certain nombre de dames pleines de zèle, organiser une bibliothèque gratuite pour le peuple et payante pour les personnes instruites. Cette œuvre, à laquelle le Comité attache une grande importance, a réussi au-delà de ses espérances. Elle offre déjà au public environ 1,000 volumes choisis avec le plus grand soin, et voit, deux jours par semaine, affluer des lecteurs de plus en plus nombreux. Le mérite principal de cette œuvre doit être attribué à quelques dames qui ont bien voulu s'astreindre à distribuer les volumes, les couvrir, les classer, etc., qui, en un mot, donnent à la bibliothèque les soins les plus dévoués et les plus intelligents.

Ce magnifique exemple donné par Vitré pourrait être suivi

dans les autres arrondissements, et des fondations analogues porteraient les mêmes fruits.

Tels sont nos vœux et nos projets. Dieu seul, maître des évènements, sait si la réalisation en sera possible. Mais dans tous les cas, nous agirons pour faire notre devoir et protester contre le mal qui déborde. L'heure est vraiment solennelle. La Révolution ne cache plus ses projets. Elle domine le monde entier, et partout elle veut la ruine de l'Église, qui doit entraîner celle de la société. Jusqu'à ce jour, un peu contenue chez nous, elle marche maintenant avec une rapidité terrible, et le temps ne semble pas loin où, après avoir enlevé à l'Église tous ses droits, toutes ses libertés, qui sont les nôtres, et notre bien le plus cher, elle secouera brutalement les bases de la société, dont l'Église est la seule protectrice solide.

Aussi, malgré les sacrifices que l'heure présente impose déjà aux hommes de dévouement, le devoir de soutenir les œuvres catholiques n'en est pas moins une nécessité impérieuse. Nous osons donc vous demander à tous votre concours personnel, efficace. S'il impose des sacrifices, ceux-ci, quels qu'ils soient, ne sont rien comparés aux désastres d'une ruine sociale ; mais surtout ils répondent à la pensée la plus chère aux hommes de foi : sauver la religion de leurs pères et assurer l'avenir chrétien de leurs enfants.

M. de Bourgerel, trésorier de l'Union catholique, a lu ensuite le rapport suivant sur la situation financière :

Messieurs,

Nous voulons vous exprimer toute notre reconnaissance pour l'appui si charitable que vous nous avez donné pour soutenir les œuvres existantes et pour en fonder de nouvelles.

Nous ne doutions pas qu'en faisant appel à vos cœurs bienfaisants, vous y répondriez tous avec cette générosité que vous nous avez toujours témoignée quand il s'est agi de faire le bien.

Le compte rendu dont je vais vous donner lecture en est une preuve convaincante.

Il nous restait en caisse, au mois de mars l'année dernière, une somme de. . . . . 1,135 fr. 60

Les souscriptions, les dons que vous avez bien voulu faire se sont élevés à la somme de. 5,474 85

Ensemble. . . . . 6,610 fr. 45

Permettez-moi de ne pas oublier et de remercier les Dames du Comité de l'Union catholique, qui ont toujours voulu avec tant de bienveillance s'associer à nos œuvres, et qui doivent figurer dans la somme énoncée ci-dessus pour le chiffre de **1,300 fr.**

Passant ensuite au chapitre des dépenses, le Comité a donné à la Société de Saint-François-Régis. . . . . . . 320 fr. »»

Au Cercle catholique ouvrier.. . . . . 550 »»

· Au directeur des Frères, pour le traitement d'un Frère affecté spécialement à l'école des jeunes apprentis. . . . . 700 »»

Le 15 mai dernier, au Comité de l'Enseignement libre, pour fondation de l'école de Saint-Hélier. 1,000 »»

A la Société de Saint-François-Xavier, pour qu'elle puisse admettre quelques honnêtes ouvriers qui ne peuvent payer la cotisation exigée chaque mois par l'œuvre.. . . . . 100 »»

Au Cercle militaire.. . . . . 500 »»

A l'œuvre Saint-Michel.. . . . . 100 »»

A l'œuvre pontificale des vieux papiers.. . . . . 150 »»

Pour propager les *tracts* et les bonnes lectures. 1,500 »»

Impressions de comptes rendus pour l'assemblée générale, ports de brochures, affranchisse-

A reporter. . . . . 4,920 fr. »»

Report.	4,920 fr. » »
ment de lettres..	203 95
Dépenses diverses, consistant en timbres-quittances, impression de récépissés, recouvrement de quittances..	124 90
Ensemble..	5,248 fr. 85
Il reste en caisse.	1,361 60
	6,610 fr. 45

Cette somme sera à peu près absorbée d'ici quelque temps par le versement que nous faisons pour venir en aide à l'enseignement libre, et par le Cercle militaire, à qui nous devons donner une somme de 500 fr. vers le mois de juin.

Telles sont, messieurs, les œuvres que nous avons pu soutenir et fonder, grâce à votre charité persévérante. Nous avons la douce confiance qu'elle ne fera qu'augmenter.

Serrons-nous autour de notre drapeau, qui est celui de la religion catholique. Prions Dieu tout-puissant de nous affermir dans cette union qui fait notre force. Restons toujours les vrais et fidèles soldats de l'armée de Dieu.

Ces dernières paroles de M. de Bourgerel ont soulevé les sympathiques acclamations de l'assemblée (1).

(1) Le rapport de M. de Bourgerel se complète par les indications suivantes :

« *L'Union catholique des Dames* a été établie en avril 1875. Elle « compte actuellement 470 associées.

« Les cotisations se sont élevées à.	2,336f 30
« Les dons à la somme de.	47 » »
	2,383f 30

« Les dames ont participé aux œuvres du Comité de « l'Union catholique des hommes pour une somme de « 1,300 fr., savoir :

A reporter.	2,383f 30

A la prière de M. le vicaire-général, M. Gavouyère a bien voulu parler de la Faculté catholique d'Angers. Aucun sujet ne pouvait solliciter plus vivement l'attention de l'assemblée; nul ne pouvait l'aborder avec plus de compétence que le jeune et savant doyen, et nous ne saurions dire quel intérêt et quel charme il a su y ajouter encore par la spirituelle simplicité de son improvisation, dont voici le résumé, bien incomplet sans doute, et auquel surtout nous ne saurions donner le vif et sympathique accent de l'orateur :

Messieurs,

C'est une véritable surprise pour moi que de vous parler aujourd'hui. Ce qui me rassure, c'est que je me sens au milieu de *frères*. Sans cette bienveillance que je connais, je craindrais de ne pouvoir dire que faiblement ce que je sens vivement.

Report.	2,383ᶠ 30	
« Pour le Cercle des ouvriers, elles ont « donné.	250 fr.	
« Pour le Cercle militaire.	250	
« Pour fonder l'école de Saint-Hélier.. .	500	
« Pour la bibliothèque des bons livres. .	50	
« Pour Saint-François-Régis et autres « œuvres.	250	
Ensemble.	1,300ᶠ » »	
« Elles ont en outre donné directement « à l'OEuvre de M. l'abbé Bourdon, au Pa-« tronage des jeunes filles, pour l'achat de « deux saints ciboires qu'elles ont offerts, « l'un au Cercle des ouvriers, l'autre au « Cercle militaire, pour achat d'un osten-« soir, dons à l'ouvroir et aux églises pauvres « du diocèse.	945 30	2,245 30
Reste en caisse.	138ᶠ » »	

Nous avons donc, messieurs, une Faculté de Droit, première pierre de notre Université catholique d'Angers. Mgr l'évêque d'Angers a compris qu'il fallait saisir la balle au bond et agir vite; on se doutait bien que le temps de travailler ne serait pas long. Aussi on était prêt, grâce aux mesures préparatoires, dès avant le vote de la loi. Dès le 1er octobre, les professeurs étaient réunis, et le local, ancien bâtiment du Cercle catholique, était préparé. Le 15 novembre, époque de la rentrée, les portes étaient ouvertes. — Voici, messieurs, l'organisation de notre enseignement : nous avons tous les cours exigés par la loi, le même nombre de chaires que dans les Facultés qui en ont le moins; nous espérons accroître ce nombre. Depuis la fondation, on a compris que dans une Faculté catholique il fallait autre chose que le commentaire des lois romaines ou françaises. On a fait un cours de droit naturel; il est professé par Mgr Sauvé, que beaucoup d'entre vous connaissent. C'est l'enseignement de la *base du droit*, et par le nom du professeur vous jugez avec quelle distinction ce cours est professé; il est obligatoire pour la première année. Les étudiants de troisième année ont aussi un cours obligatoire : c'est le cours de droit canonique. Personne, même peut-être parmi vous, messieurs, ne connaît l'Église comme Société, l'organisation de son pouvoir législatif et exécutif. Ce cours est fait par un docteur de l'Université de Louvain. Et pour vous donner une idée de l'intérêt qu'on y porte, les étudiants de première année ont demandé d'y assister.

Nous avons aussi ajouté aux cours d'enseignement proprement dits, des conférences; elles sont gratuites. C'est en vérité un enseignement *gratuit*, laïque et *obligatoire*.

Il faut bien penser, messieurs, que nous avons quelques étudiants qui, par raison de santé ou de famille, sont dispensés d'assiduité. Pour parer à ce danger, ces étudiants, outre le renouvellement des inscriptions auquel ils sont obligés comme partout, sont encore astreints à une composition écrite et à un examen trimestriels, que passent aussi les étudiants résidants, pour les empêcher de commencer leur préparation en juin et juillet, comme vous savez qu'il est trop souvent d'usage de faire.

Ainsi, dès maintenant, je puis vous dire que nous avons eu de très-bonnes compositions au premier et au deuxième trimestre, époque où souvent on n'a pas encore commencé à ouvrir ses livres.

Vous devez bien penser, messieurs, que nos étudiants ne sont pas nombreux : ils sont cinquante. Mais il y en a vingt-quatre de première année; la deuxième année est assez bonne. C'est donc une solide base d'études pour l'an prochain. Et de plus, nous avons déjà *six aspirants au doctorat*. C'est le doctorat qui nous a donné une première preuve de la réussite de de nos efforts. Nous avons voulu, puisqu'il faut que nous ne soyions que des préparateurs et que nous ne pouvons donner les grades, nous avons voulu nous dédommager de l'infériorité de cette situation et faire subir au jeune aspirant un examen préalable que nous avons fait très-solennel. Nous l'avons reçu avec quatre blanches et une rouge. Eh bien! messieurs, la Faculté de Paris a confirmé notre jugement et l'a admis avec quatre blanches et une rouge. (Applaudissements.)

Je vous parlerai maintenant de notre vie et de notre régime. Nous l'avons dit aux familles : nous donnerons à leurs enfants, non-seulement les notions du droit, le droit épuré et critiqué, mais aussi une éducation chrétienne.

On a beaucoup parlé de notre règlement. Je vous assure qu'il ne fait pas de malheureux. Encouragés par le premier résultat, nous construisons un internat pour quarante étudiants, au lieu du bâtiment actuel qui n'en peut contenir que quinze. Ils rentrent à dix heures, même quand le théâtre n'est pas fermé à cette heure. Ils ne se plaignent pas du règlement, qu'ils observent; mais souvenez-vous aussi que l'application de ce règlement est dans les mains maternelles de l'Église. Et je vous ferai remarquer une chose bien significative, c'est que nous avons des étudiants de Périgueux, Tarbes, Perpignan, Marseille.

C'est donc de tous côtés que les familles nous confient leurs enfants. A quoi devons-nous cette confiance qui se montre dans toutes les parties de la France? A l'enseignement du droit naturel et canonique, et aussi à l'internat, où je vous assure, messieurs, que les étudiants sont heureux, comme une visite chez eux vous le prouverait certainement.

Le jour où l'on creusait les fondations de ce nouvel internat, commençait l'établissement d'un Cercle. C'est un hôtel magnifique, et qui a coûté fort cher. Le Cercle est administré par un conseil composé de l'évêque, du doyen, de deux professeurs et de deux souscripteurs. On n'admet au Cercle que ceux qui vivent de la vie de l'Université : les professeurs, les étudiants et les souscripteurs. Là aussi on ne reçoit que de bons journaux.

L'esprit de la Faculté doit être et est éminemment catholique. La première cérémonie qui nous a rassemblés était une messe du Saint-Esprit, où tous les professeurs ont solennellement et sur les Évangiles, prêté serment de subordonner toujours leur enseignement à celui de l'Église catholique. Ce serment est la formule adoptée par Pie IV. Je ne peux vous dire l'émotion que j'ai ressentie à cette imposante manifestation. Nous sentions au fond de notre cœur la sainteté de notre mission, et nous nous voyions vraiment les collaborateurs de l'Église!

Nous avons aussi nos fêtes religieuses. La première est celle de l'Immaculée-Conception; elle a été célébrée à la Sainte-Table par les professeurs et les étudiants. Tous les évêques fondateurs ont été consultés, et c'est avec une unanimité parfaite que l'on s'est réuni pour donner ce patronage à l'Université catholique; c'est avec un sens profond qu'il a été choisi. Voyez, en effet, Marie, qui a écrasé toutes les hérésies, placée comme patronne de notre enseignement, Marie, qui par un prodigieux privilége a été préservée de toute souillure, régnant en souveraine au milieu des souillures de notre siècle!

Notre deuxième fête est celle de saint Thomas d'Aquin; enfin, Pâques, célébré avant les vacances et sans la moindre contrainte de personne. Nous montrons par toutes ces choses que nous sommes à la fois des étudiants et des hommes de l'Église.

Nous sommes pleins d'espérance. On travaille à l'internat, on agrandit le bâtiment de la Faculté de Droit pour y installer la Faculté des Lettres ; la Faculté des Sciences se prépare, mais plus lentement, car pour celle-là il faut des dépenses considérables. Au reste, à son retour de Rome, Son Ém. le Cardinal-Archevêque de Rennes doit faire appel à son diocèse en faveur de l'Université d'Angers, et nous espérons, messieurs, que votre générosité nous aidera à continuer ce qui a été si bien commencé.

La loi nouvelle ne nous effraie pas. Nous marchons hardiment, mais nous marcherons quand même, car Dieu est là, et nous ne pouvons croire qu'il ait permis ce commencement de bien pour l'arrêter si tôt !

Après avoir félicité, dans les termes les plus affectueux, M. Gavouyère d'avoir si bien fait connaître et apprécier un grand établissement catholique qui le compte parmi ses membres les plus éminents, et de l'avoir fait dans une Maison dont il fut un des meilleurs élèves, et dont il est aujourd'hui et sera toujours la gloire, M. le vicaire-général invite le R. P. Forbes à marquer, par l'autorité de son éloquente et apostolique parole, le caractère religieux de cette réunion.

Nous n'essaierons pas de reproduire l'austère et énergique expression de cette parole. Les auditeurs, pour la plupart, en avaient déjà ressenti l'étreinte puissante dans les conférences de Saint-Sauveur ; ils n'en ont pas été moins profondément impressionnés par le discours du Révérend Père, dont voici du moins quelques traits :

Messieurs,

Nous traversons une époque bien agitée, les esprits sont

assaillis d'inquiétudes cruelles; et malgré cela, à la vue de ce qui s'est fait depuis cinq années, surtout à la vue de ces nombreux Comités catholiques enserrant la France de toutes parts, de la générosité des catholiques pour leurs Universités, à la vue de la propagation extraordinaire des Cercles catholiques d'ouvriers et militaires, je ne puis désespérer ! Dieu, qui est logique, n'a pas suscité tant de zèle pour le faire arriver à de misérables avortements. La tempête peut venir, elle renversera tout peut-être, excepté une chose qui restera toujours : c'est l'âme de l'Église de France, qui malgré tant d'échecs et d'épreuves fera sortir du sol des édifices magnifiques de foi et de vertu au milieu de tant de découragements !

Si nous comparons les catholiques actuels à ceux du commencement de ce siècle, nous avons encore une autre raison d'espérance. C'est cette résurrection catholique qui s'est faite dans le cœur des laïques. — Ces œuvres que vous entreprenez, messieurs, appuient et soutiennent le clergé, qui n'est plus seul comme autrefois, et qui se sent largement supporté par vous.

Je ne peux prendre pour vous encourager d'autres paroles que celles prononcées dernièrement par le Saint-Père : « Agissez, agissez. » Nous pouvons espérer la réussite, mais par l'action. Il n'est plus temps de se taire, il faut travailler. Cette loi de l'obligation du travail a été promulguée dès l'origine du monde ; il faut que l'homme remplisse la terre, qu'il la soumette, qu'il la conquière. C'est la loi de la nature elle-même. La nature vit par le mouvement ; sa mort c'est l'inaction. Le travail, par lui-même, est fécond et sans douleurs ; il est la condition normale de l'homme. Mais par le péché le travail est devenu un effort douloureux. Rien ne naît spontanément sur la terre, elle ne produit que des ronces et des épines. Ah ! je le crois bien ! La Révolution est venue, l'homme s'est révolté contre Dieu, et la nature s'est révoltée contre l'homme. Alors le travail est devenu une expiation. Penche ton front, ô homme ! verse ton sang sur ce pain qu'il est juste que le révolté sente amer et difficile à gagner. Il est juste que la terre se révolte contre le révolté.

Mais Jésus-Christ vient : il relève cette expiation par son sang et ses souffrances. Jésus-Christ a été travailleur, il a été ouvrier ; il a chargé de bois ses épaules royales! Oh! les belles larmes de Jésus-Christ! oh! les belles sueurs! Voilà ce qui fait maintenant la dignité du travail, lorsque le travail devient un acte d'amour, ennobli par l'amour!

C'est encore une loi vitale de l'humanité, dure peut-être, mais qui recèle de mâles et d'austères jouissances : c'est que sans le travail rien n'est durable en ce monde. Le génie lui-même est soumis à cette loi, ou bien il tombe fatalement dans la médiocrité.

Voyez le caractère misérable qu'ont pris les peuples qui ne travaillent pas, les peuples chez qui la jouissance est devenue la loi suprême! Malheur au peuple qui ne fait que jouir! Il faut à la jeunesse de nobles aspirations, de grandes passions, ou bien elle en aura d'ignobles. Proposez un but à la jeunesse, ou elle remplira le monde de ses scandales. L'oisiveté dans les classes dirigeantes est véritablement la source de tous les maux : les horreurs de la débauche, le jeu qui perd tout un avenir, la vie dissipée qui se termine souvent par le crime du duel, le désespoir du suicide ou la honte de la prison! Que deviendra la jeunesse qui ne travaille pas? Elle porte sur son front retréci la marque de son attentat; et dans les malheurs publics, lorsque tout semble crouler autour d'elles, dans les grandes circonstances où se joue la vie d'un peuple, ces malheureuses générations font retentir ce cri : Nous n'avons pas d'hommes!

Le paganisme n'avait pas compris cette loi du travail; il avait partagé la société en deux classes : ceux pour qui la jouissance était le seul but, et ces millions d'esclaves qui servaient à la leur procurer. Eh bien, messieurs, la Révolution c'est le paganisme. Elle classe la société en voluptueux et en misérables : voluptueux qui jouissent et misérables qui souf-

frent; — en mauvais riches qui ne travaillent pas, et en mauvais pauvres qui maudissent le travail. Le mauvais riche révolutionnaire n'a jamais assez pour donner au pauvre; le mauvais pauvre ronge son frein, et comme il veut jouir aussi lui,
et jouir de suite, il travaille uniquement pour jouir, et va
jouir dès qu'il le peut, sans s'occuper de la famille qu'il dé-
laisse !

Tout cela vient de ce qu'on ne comprend plus le travail et
le sacrifice. N'est-ce pas notre faute? Oui, messieurs, l'amour
de la vie sans travail a pénétré dans notre éducation. Le con-
fort dont nous entourons l'enfant énerve son cœur. Il faut que
l'enfant sache ce qu'il y a de larmes et de sang dans le pain
qu'il mange sans peine. Il n'est pas bon pour le jeune homme
d'avoir un avenir tout fait devant lui; il est bon, quoi qu'on
en ait dit, qu'on soit obligé de faire son chemin à la pointe
du talent ou à la pointe de l'épée ! Notre éducation tourne à
la mollesse. Nous faisons une génération grêle, frêle, et qui,
dans son excessive sensibilité presque féminine, sera incapable
de satisfaire aux exigences de la vertu et de suffire au rôle
qu'elle doit remplir dans la société.

Cette horreur de la gêne et du travail a passé jusque dans
les études. Il a fallu que la science elle-même se rapetissât,
s'accélérât, ou bien on l'aurait désertée, et le triomphe de ce
système a produit le dernier mot de nos études : les manuels
de toute sorte, qui suffisent à nos bacheliers. Nous cessons les
études, messieurs, à l'heure où il faudrait les commencer, et
l'on veut que nous ne réclamions pas contre ce système d'éducation, qui en vérité se rapproche de l'idéal du mandarin chi-
nois! Oui, nous voulons la concurrence; nous voulons montrer
par l'éducation catholique qu'il y a mieux à faire!

Cette horreur du travail, nous la retrouvons dans la littéra-
ture et les arts libéraux. On y a donné la prépondérance aux
facultés brillantes, l'imagination et la sensibilité. De là mépris
des règles du beau, de là corruption de l'art, qui a perdu de
vue le vrai idéal, et ne s'est plus proposé d'autre objet que de

plaire aux instincts dégradants de l'homme, et de s'enrichir en flattant ses passions ignobles. L'architecture elle-même ne s'est pas préservée de la contagion, et l'on peut contempler dans un temple récemment élevé au plaisir, toutes les marques de cette prétentieuse décadence.

Le mal nous a gagnés dans toutes les manifestations de notre vie sociale. Un Grec disait : Pleurons, l'année a perdu son printemps. Hélas, la France aussi a perdu son printemps. Cette jeunesse, qui promettait tant, va engloutir dans une vie vulgaire toutes les espérances de la patrie. Comme le disait énergiquement Bossuet, *ils se dégoûtent à rien faire.* Nous n'avons pas assez connu le travail et le dévouement.

Demeurerons-nous indifférents, messieurs, à la vue de l'incendie qui nous gagne? Demanderons-nous, comme les sénateurs de Rome : « Qu'y a-t-il à faire? » Ce qu'il y a à faire, on vient de vous le dire. Se réunir dans les œuvres, aller au-devant des nécessités de l'époque. Choisir, pour s'y dévouer suivant ses aptitudes, une œuvre parmi celles dont on vous faisait tout-à-l'heure l'énumération : l'œuvre de Saint-François-Régis, les Cercles, les Patronages dont j'aperçois dans cette assemblée un des anciens et vénérés directeurs; l'œuvre du dimanche, et tant d'autres; en un mot, se rallier au Comité catholique, le trésor et le centre de toutes les œuvres.

On vous a parlé des Cercles catholiques d'ouvriers et des Cercles militaires. Dans ces deux œuvres, on poursuit un même but : l'embrigadement de la classe dirigeante, pour instruire et moraliser le peuple. Ces œuvres ne se jalousent point entre elles; on y travaille avec union. Le laïque et le prêtre s'y entendent pour le bien de l'Église.

Il faut travailler avec dévouement, se priver d'une part de son superflu, se mortifier un peu, pour donner aux œuvres. Quels sacrifices bien plus grands n'y aurait-il pas à faire si la France allait à la dérive!

Considérons, messieurs, la force de l'homme qui a une idée; la force d'une âme fortifiée par la foi. Tandis que les autres hommes ne savent plus vers quoi se tourner, nous avons, nous, une espérance solide : nous nous appuyons sur Dieu. Et, pour nous résumer, il faut, messieurs, suivant la parole d'un des plus grands saints de l'Église, saint Ignace, *espérer comme si tout dépendait de Dieu, et travailler comme si tout dépendait de l'homme.*

M. le vicaire-général se fait l'interprète fidèle des sentiments de l'auditoire en rendant hommage à la parole éloquente du Révérend Père, cette parole, dit-il, que l'on ne peut oublier quand on l'a une fois entendue.

Il donne ensuite rendez-vous à l'assemblée pour l'année prochaine à pareille époque, dans ces jours où les inspirations de la Croix du Sauveur réchauffent les bonnes œuvres, et engage les personnes présentes à s'inscrire, si elles ne l'ont déjà fait, sur les listes de l'Union catholique.

Puis il lève la séance en mettant sous la garde de Notre-Seigneur Jésus-Christ et de sa très-sainte Mère les pieuses pensées et les résolutions généreuses que cette solennité a dû faire naître dans tous les cœurs.

Nous rappelons que les souscriptions à l'Union catholique sont fixées, savoir :

À 12 fr. pour les membres qui désirent être fondateurs :

A 6 fr. pour les souscripteurs ;

Et 1 fr. 20 pour les adhérents.

S'adresser à MM. de Bourgerel, trésorier, rue du Chapitre, 4 ; Marcille, rue Saint-Yves, 9 ; Fougeray, libraire, rue aux Foulons, 19.